QUELQUES MOTS

SUR LA VIE ET L'ŒUVRE

D'AUGUSTE COMTE

DERNIÈRES PUBLICATIONS

DU MÊME AUTEUR

Centenaire de la Fondation de l'École Polytechnique.

Auguste Comte. Sa plus puissante émanation. *Notice sur sa vie et sa doctrine.*

> 1 vol. gr. in-8°. Chez Paul Ritti, libraire, 76, avenue du Maine. Prix . . . . 5 fr. »

Saint-Paul et son œuvre.

> 1 vol. in-8°. Chez E. Leroux, éditeur, 28, rue Bonaparte. Prix . . . . 3 fr. 50

Actualités Politiques et Sociales.

> La Politique. — L'Empire Allemand. — Les Évènements de Chine. — Le Socialisme. — La Question Juive. — Au Bureau des Longitudes. — Lettre à M. Injalbert.
> Brochure in-8° raisin. Prix . . . . 2 fr. »

Imp. A. Dubuisson, 128, rue d'Alésia, Paris (XIV° arrond).

QUELQUES MOTS

SUR LA VIE ET L'ŒUVRE

D'AUGUSTE COMTE

RÉPONSE A M. ÉMILE OLLIVIER

De l'Académie française.

PAR

LE DOCTEUR G. AUDIFFRENT

L'un des exécuteurs testamentaires d'AUGUSTE COMTE,
Ancien élève de l'École polytechnique.

PARIS

ERNEST LEROUX, ÉDITEUR

28, RUE BONAPARTE, 28

1901

QUELQUES MOTS

SUR LA VIE ET L'ŒUVRE

D'AUGUSTE COMTE

A Monsieur Émile Ollivier

de l'Académie française.

L'Académie française est en liesse; grande affluence de personnages distingués, grand étalage de riches toilettes au Palais Mazarin.

M. Émile Faguet est appelé à occuper le siège laissé vacant par la mort de M. Cherbuliez, et M. Ollivier répondra au discours que va prononcer le récipiendaire. Suivant l'usage M. Faguet fera l'éloge de son prédécesseur, parlera de ses œuvres, de sa vie privée, ou même publique, s'il en a une. M. Ollivier se donnera du champ, s'occupera peu de celui à qui l'Académie octroie un fauteuil et s'étendra sur tous les sujets qu'il aura soulevés et même sur beaucoup d'autres, de *quibus dam alüs*. Nous n'avons pas à suivre M. Ollivier au milieu des fleurs qu'il a semées à profusion, ni en de pompeuses périodes qui rappellent ses succès parlementaires. S'il est arrivé à M. Faguet dans ses cours, dans ses conférences, de parler du grand philosophe contemporain, M. Ollivier le suivra sur ce terrain, ce sera la partie la plus substantielle de son discours. Pour la première fois les voûtes académiques retentiront d'un nom qui fut, en d'autres temps, conspué par tant d'illustres personnages, que nous voyons ici aujourd'hui réunis. *Quantum mutatus ab illo*, pourrait-on dire de certains d'entre eux. Mais les temps sont changés et le vent qui vient du dehors leur arrive avec d'insolites senteurs.

M. Olliver a été respectueux pour la mémoire du grand novateur, il en a parlé presque toujours en des termes courtois. S'il a constaté la puissance de son génie, la droiture de son caractère, l'élévation de ses sentiments, peut-on dire cependant qu'il ait compris toute la portée de l'œuvre qu'il élève bien haut. Malgré toute la bonne volonté, toute l'intelligence que nous lui supposons, le pouvait-il ? nous demandons-nous. Il est dans les cerveaux, comme sur certaines étoffes, des plis qu'on cherche parfois à effacer et qui ne s'effacent jamais. Pour rester courtois comme l'a été l'éminent orateur, on peut dire que par sa première éducation, par son instruction très variée, par ses relations nombreuses, il est venu au monde métaphysicien, nous ne dirons pas *abstracteur* de *quintescence*, et qu'il est resté métaphysicien. Il n'y avait donc pas à lui demander de porter un jugement définitif sur celui qui venait de montrer les diverses étapes par lesquelles a passé l'esprit humain pour arriver à la plénitude de son développement. La loi féodale, et M. Ollivier le sait bien, disait qu'on ne doit être jugé que par ses pairs; l'Église catholique était plus précise, puisqu'elle proclamait qu'on ne pouvait bien l'être que par ses supérieurs. Juger et admirer sont deux choses bien différentes et exigent des opérations cérébrales de toute autre nature, quoique réclamant le fonctionnement de tout l'appareil cérébral. Les réticences que nous trouvons dans le discours du célèbre académicien peuvent-elles nous laisser croire qu'il s'est élevé à l'admiration de l'homme dont il a parlé en des termes choisis, mesurés toutefois. Ce que nous savons du récipiendaire semble au contraire nous autoriser à penser qu'il est de ceux qui sont susceptibles d'admiration, s'ils s'abstiennent de juger. Nous trouverons la preuve de ce que nous avançons ici dans les quelques mots qui terminent un de ses meilleurs articles : « C'est, dit-il, quelque chose surtout de faire penser, et Auguste Comte est merveilleux pour cela ; c'est le semeur d'idées et l'excitateur intellectuel le plus puissant qui ait été en notre siècle ; le plus grand penseur à mon avis que la France ait eu depuis Descartes ». M. Ollivier semble d'ailleurs féliciter M. Faguet de ces dispositions à l'égard du maître et nous nous associons à lui. Voici, en effet, ce que nous trouvons à ce propos dans son substantiel discours. « Il me semble finalement que vos pages sur Auguste Comte présentent sinon toutes vos qualités, du moins les plus fortes. » Nous nous faisons un devoir de reproduire ce qu'il a dit ici du grand penseur, dont il rappelle les traits saillants avec une certaine précision, et l'attitude aussi simple qu'élevée. « Je suis peut-être le dernier auditeur survivant du cours qu'Auguste Comte professa au Palais Royal après 1848. Il arrivait à deux heures en habit noir, petit, l'aspect sévère, un peu souffreteux. la tête inclinée, le front comme dilaté par la tension d'une recherche sans repos, la lèvre dominatrice, le menton obstiné, de l'ascendant dans le regard quoique sans rayonnement. Il se plaçait devant une table, avalait une gorgée d'eau et commençait d'une voix égale, monotone, sans aucun effort pour entraîner, comme se parlant à lui-même, en des périodes longues, mais claires et précises. A cinq heures il parlait encore, et aucun auditeur n'était parti. » Ce portrait est exact et fait d'après nature.

Si M. Ollivier avait poussé plus loin son observation, il eut constaté que la voix était sympathique et l'expression de la physionomie, quoique toujours grave, toujours bienveillante. M. Ollivier se croit le dernier survivant de ceux qui ont suivi les mémorables séances du Palais Cardinal. Je m'y trouvais et M. Laffitte aussi.

A propos d'un incident de cours, dont j'entends parler pour la première fois, M. Ollivier rappelle l'inqualifiable attaque à laquelle le grand homme fut exposé de la part de son collègue à l'Académie, le sieur Bertrand, secrétaire perpétuel de l'Académie des sciences, « Vous voyez bien, il est fou », se serait écrié celui-ci ; — on le pensait beaucoup à l'École Polytechnique et à l'Institut d'alors, ajoute M. Ollivier. Qu'à l'Institut, au milieu de ceux que Blainville croyait atteints de microcéphalie, on parlât de la sorte, cela ne peut nous surprendre. Mais j'atteste qu'à l'École Polytechnique nous n'avons cessé d'entourer d'une respectueuse considération l'homme pour nous supérieur à tout ce qui l'entourait. Le mémorable cours qu'il y fit à la mort de son protecteur et ami M. Navier le plaçait bien haut aux yeux de tous, élèves et professeurs. Il eut pour principal auditeur Dulong, le grand physicien, alors directeur des études, qui en fit un examinateur à l'admission. Nous étions confus, j'ose le dire, lorsque dans nos colles, qu'on me permette le mot, élèves dissipés et paresseux, nous n'avions rien à lui répondre.

Après avoir cité, mal à propos, je crois, l'inqualifiable mot du sieur Bertrand, M. Ollivier ajoute : « Il n'y a pas trace de folie dans l'œuvre magistrale d'Auguste Comte, on y voit partout une intelligence lucide, puissante, maîtresse d'elle-même et des sujets qu'elle traite. Sa prétention n'est pas modeste : il veut pour le plus grand bien des hommes les débarrasser de la théologie et de la métaphysique, et fonder une religion nouvelle. »

M. Ollivier qui n'est jamais sorti de la phase métaphysique, où se complait son esprit, va maintenant s'étonner que celui dont il vient de reconnaître la lucidité d'esprit, la puissante intelligence toujours maîtresse d'elle-même et des sujets qu'elle traite, veuille nous affranchir à la fois et de la théologie et de la métaphysique.

Pour s'affranchir, dirons-nous à M. Ollivier, de ces deux états, qu'on peut qualifier de provisoires et de transitoires dans la marche de l'esprit humain, et s'élever à un état de pleine positivité, il faut bien des choses. Le dirons-nous à l'éminent orateur, il faut avoir parcouru toute la hiérarchie scientifique, il faut s'être élevé de la notion du nombre, de l'étendue et du mouvement, à la connaissance des phénomènes sociaux et moraux, en parcourant toute la matérialité, physique ou chimique. C'est à cette condition qu'on reconnait que tout est soumis, dans l'ordre physique et moral, à d'immuables lois. C'est à cette condition qu'on peut entreprendre l'étude rationnelle de l'homme et du monde, ces deux éternels sujets de toutes les méditations. Ceux qui ont été assez heureux pour soumettre leur esprit à cette double gymnastique, qu'on me permette le mot, verront, ce que l'expérience de tous les jours et les désordres au milieu desquels nous nous agitons ont déjà fait pressentir, que toutes les vieilles croyances, tous nos anciens moyens de direction, quelque recommandables qu'ils soient, sont épuisés. Comme une société, si élémentaire soit-elle, ne peut vivre sans un certain lien qui en rapproche les éléments divers, ceux-là comprendront sans effort qu'une nouvelle religion est désormais attendue, et qu'il faut sans plus tarder, si elle existe dans quelque cervelle plus avancée, pourvoir à son installation, car le péril est grand.

Que M. Ollivier me permette de mettre sous ses yeux quelques mots mémorables d'un grand penseur catholique et il verra qu'Auguste Comte a pu sans rien d'insolite dans sa pensée, songer à nous doter d'une nouvelle religion, surtout lorsqu'il eut montré les grandes lois qui président à la succession des phénomènes sociaux et moraux, et fixé, après un mémorable labeur, la marche de l'entendement humain.

« Attendons, dit de Maistre, dans ses *Soirées de Saint-Pétersbourg*, que l'affinité naturelle de la religion et de la science les réunissent dans la tête d'un seul homme de génie; l'apparition de cet homme ne saurait être éloignée, et peut-être existe-t-il déjà. Celui-là sera fameux et mettra fin au xviii° siécle, qui dure toujours, car les siècles intellectuels ne se règlent pas sur le calendrier, comme les siècles proprement dits. » Quand le penseur catholique écrivait ces mémorables paroles, l'homme annoncé, Auguste Comte, était né (19 janvier 1798). On eut pu le croire providentiel.

M. Ollivier, s'il veut bien méditer les paroles de l'écrivain catholique, comprendra, nous n'en doutons pas, qu'Auguste Comte devait couronner son œuvre philosophique par la fondation d'une nouvelle religion. Une religion sans dieu, sans immortalité de l'âme, voilà ce qui renverse M. Ollivier. Cependant s'il a lu l'œuvre du Maître, avec toute l'attention qu'elle mérite, il a pu s'apercevoir que la première religion, celle qu'on pourrait qualifier de naturelle, en d'autres termes, le *fétichisme* primitif, s'est manifestée ainsi. Nos aïeux ont trouvé dans leur cœur, dans la contemplation du monde, un lien qui règle, qui rallie, c'est-à-dire une religion, et cela sans recourir à l'intervention d'aucune puissance surnaturelle. Le fétichisme est encore la religion de la plus grande partie de notre espèce, c'est lui qu'on suit de l'Afrique centrale aux plus lointains confins de l'extrême orient. Eliminer Dieu et même l'âme, cette institution toute récente de nos vieilles sociétés, qui n'ont vécu jusqu'ici que de traditions théologiques, paraît chose monstrueuse aux métaphysiciens, parmi lesquels M. Ollivier tient un rang éminent. C'est pourtant à quoi nous marchons à grands pas. La sanction de tous les actes de la vie, où la trouverons-nous ? Où prendrons-nous un aliment pour le cœur, qui, comme l'esprit, a ses exigences ? Dans ce qui vous paraît si insuffisant, dans ce que votre verve n'épargne pas, dans le dogme de l'Humanité, vous répondrons-nous.

Un grand spectacle, le plus grand de tous, se présente à nos yeux, il nous remplit d'admiration et parfois de terreur, c'est celui de l'évolution humaine. Voyez-vous cette primitive société, se dégageant à peine des étreintes de l'animalité ; suivez-la dans les phases diverses de son développement à travers les siècles. S'est-on assez demandé à quel prix ont été obtenus les moindres renseignements que nous possédons sur nos moyens d'existence, les moindres acquisitions intellectuelles dont nous sommes si fiers ? Que de déchirements, que de luttes pour déblayer le terrain sur lequel est venue s'asseoir l'élite de notre espèce, l'élément civilisateur ! Que de souffrances porte sur lui le globe que nous habitons, que de larmes ont inondé le sein des mères ! Cette grande Science qui nous dévoile nos conditions d'existence, tant physiques que morales, que de veilles n'a-t-elle pas coûtées ? Elle aussi a eu ses martyrs. Tous nos prédécesseurs, soit dit à leur éternelle louange, n'avaient-ils pas le sentiment de leur concours à l'œuvre d'émancipation de l'espèce tout entière des liens de l'animalité, ne croyaient-ils pas travailler au bonheur de ceux qu'ils savaient ne jamais voir ? Cette sainte phalange des trépassés, Monsieur, c'est l'Humanité, c'est l'ensemble continu des êtres convergents, a pu dire d'elle le nouveau Maître du savoir. Nous en éloignons tous les parasites qu'elle a portés dans son sein, tous ceux qui, à un titre quelconque, ont pu compromettre sa marche. Les vivants sont ses serviteurs ; ils aspirent à lui être incorporés un jour.

Les trépassés ne vont-ils pas devenir, pour les hommes élevés à la contemplation de ce nouveau Grand-Etre, une source d'amour et de foi, par la reconnaissance qu'ils développeront chez chacun d'eux ? Les vivants sont de plus en plus dominés par les morts ; telle est la grande loi de l'évolution sociale. Source inépuisable d'amour, la foi se dégage de notre dépendance tant spirituelle que temporelle à leur égard.

Mais je vous entends dire, Monsieur, non sans quelque raison : toute religion implique un culte et l'on ne peut adorer un être collectif. C'est par ses produits que l'Humanité se révèle à nous. C'est par eux que nous apprenons à la connaître, à l'aimer. Son existence n'a pas besoin d'être démontrée, comme celle d'un dieu, dispensateur capricieux du bien et du mal. Elle se condensera dans son plus beau produit, la femme. Comme mère, comme épouse, la femme règne au foyer domestique. On a eu peu à faire pour l'élever sur un autel. Dans la femme aimée chacun pourra voir la représentation de ce Grand-Etre, en attendant qu'une sainte image ait prévalu dans la pensée commune. Dans nos temples de l'Humanité, une chapelle est consacrée aux saintes femmes, sous la présidence de celle qui a tant souffert [1], dont la soumission et la résignation à un injuste sort, l'élevèrent au-dessus de l'humaine nature. Dans la Vierge des croisés, la Vierge de saint Bernard, *umile ed alta piu che creatura*, dont le culte faillit dans notre midi se substituer à celui de Dieu, qui ne trouve le pressentiment de ce que consacrera l'avenir ?

La grande doctrine, Monsieur, a reçu un couronnement que vous ne connaissez pas, et qui répond, j'ose le dire, à toutes les exigences de notre multiple nature. L'utopie positiviste de la Vierge-Mère, s'élevant sur la réalité, qu'elle respecte, vient ici condenser la religion toute entière, culte, dogme et régime, comme le mystère Eucharistique, cette grande institution paulinienne, condensa le catholicisme. Je gage, Monsieur, que si vous aviez présenté à votre auditoire féminin la grande doctrine sous ce nouvel aspect, à vous inconnu, vous y auriez trouvé des âmes disposées à s'ouvrir comme nous aux grandes espérances du présent.

Au milieu de votre substantiel discours, je trouve, Monsieur, une note bien discordante. En l'entendant on serait tenté de dire, *in cauda venenum*. Mais telle n'était pas sans doute votre pensée. Je cite textuellement : « Il conçut même (Auguste Comte) un moment l'idée *baroque* d'entrer en relation avec les Jésuites, ces docteurs calomniés du libre-arbitre, de l'indulgence à nos fragilités, pour en obtenir qu'ils devinssent la milice du nouveau pouvoir, comme ils l'avaient été de l'ancien. » Vcus avez inconsciemment altéré la pensée du Maître. Vous livrez au ridicule une grande tentative qui n'est, il est vrai, réalisable que dans un avenir éloigné. Puisque vous soulevez une question autour de

---

1. Héloïse.

laquelle on a déjà fait grand bruit, souffrez, Monsieur, que je la traite *in-extenso*. Parlons donc de la compagnie de Jésus, *vulgo* des Jésuites. Voici ce qu'écrivait le Maître à un malheureux prolétaire lyonnais, élevé par eux, « Vos réflexions sur nos deux saints Jésuites [1], sont aussi justes que naturelles. Mais, j'ai depuis longtemps dissipé ces objections dans mon cours hebdomadaire. L'explication historique consiste à reconnaître que le couple initial fut essentiellement étranger au vaste système d'hypocrisie résulté de cette institution avortée, et qui ne commença que dans la génération suivante. Il faut regarder cette tentative comme destinée d'abord, non seulement à contenir le protestantisme, mais surtout à reconstruire le pouvoir spirituel déjà dégradé profondément. Elle ne pouvait réussir, parce que la doctrine était épuisée, et que la vraie religion n'était point encore mûre ; son avortement la fit bientôt dégénérer en une tactique hypocrite. Mais l'esprit n'en était pas moins pur et grand chez les premiers fondateurs, comme envers les réformateurs du treizième siècle, saint François d'Assises et saint Dominique, quoique ceux-ci eussent pareillement échoué. Les missions admirables de François Xavier, malgré leur inévitable avortement, méritent d'être mieux honorées, comme un noble effort pour ramener toute la famille humaine à l'unité de foi, par des moyens purement moraux, en un temps où l'on s'efforçait partout de convertir violemment. Si ces courtes explications ne vous suffisent pas après les méditations convenables, je pourrais les développer davantage, afin de ne laisser aucun nuage sur un cas rendu très important par les anti-

---

1. Ignace de Loyola *et* saint François Xavier, portés au Calendrier positiviste.

pathies respectables, quoique empiriques, que le peuple y rattache aujourd'hui... »

Cette précieuse lettre ne peut que dissiper toutes les préventions qui pèsent encore sur la mémoire des grandes natures qui entreprirent à leur manière d'arrêter la marche de la révolution, représentée alors par le protestantisme débordant. En raison de l'importance de la question, intempestivement soulevée par l'orateur académique, je dois compléter cette intéressante citation par le jugement porté sur l'œuvre de Loyola et sur ses suites inévitables. Il est ainsi formulé dans le troisième volume de la *Politique positive.*
« Il faut d'abord juger le principal effort de la résistance catholique contre la dissolution du monothéisme. Il consiste dans la tentative du jésuitisme pour régénérer la papauté, dont l'office spirituel était vraiment devenu vacant depuis sa transformation temporelle. Centre nécessaire du système catholique, sa décadence, ouverte ou tacite, avait suscité toutes les altérations que subissait partout le régime, le culte et même le dogme. Profondément convaincu de cette connexité, l'éminent fondateur du Jésuitisme s'efforça, sous un titre modeste, d'instituer, à côté du prince romain, un véritable pape, libre chef du nouveau clergé, capable de surmonter le protestantisme en réorganisant le catholicisme. Une telle destination devient irrécusable en étudiant la nature et la marche de cette institution, non seulement à son début, mais aussi pendant la durée de la première génération, trop confondue maintenant avec le reste de sa carrière. Le noble enthousiaste qui la fonda, s'annonçant à la fois comme défenseur du catholicisme et adorateur de la vierge, mérite d'être érigé sociologiquement en digne continuateur de la réforme du treizième siècle, dont il voulut réparer l'avortement. Vivement indi-

gné de la dégradation que le pouvoir spirituel avait partout subie, sous diverses formes, depuis la fin du Moyen-Age, il tenta d'arrêter la dissolution religieuse en reconstruisant la catholicité d'après la déesse occidentale. Attribuant l'insuffisance de la réformation franciscaine à ce que les efforts y furent trop dispersés et trop subalternes, il institua son ordre afin d'y réunir la prédication à la confession, et le dégagea du chef nominal de l'Eglise, pour le mieux subordonner au chef réel. Il s'efforça de lui faire partout transférer le vrai sacerdoce en lui procurant la direction générale et une éducation adaptée aux vœux de l'époque, et la surintendance des missions extérieures que l'universelle expansion de l'Occident semblait alors motiver. »

Voilà le jugement, j'ose dire définitif et motivé, porté par Auguste Comte sur l'œuvre de Loyola, encore si mal appréciée. Elle était, comme on le voit, condamnée à un avortement inévitable. Voyons les conséquences de cet avortement.

« Quoique les fondateurs du Jésuitisme ne pussent aucunement apprécier une telle fatalité (le cours de l'explosion négative) leurs successeurs ne tardèrent point à sentir l'impossibilité de régénérer le catholicisme et se bornèrent dès lors à systématiser la résistance rétrograde. Ainsi se trouve dénaturé le plan destiné primitivement à diriger une reconstruction progressive. Le succès de cette opération reposa bientôt sur une vaste hypocrisie, d'après laquelle tous les esprits émancipés, alors concentrés chez les classes cultivées, devaient seconder les efforts des Jésuites contre l'affranchssiement populaire, au nom de la commune domination. Moyennant une telle participation, les libres-penseurs étaient pleinement tolérés, et leur propre conduite était secrètement livrée à leurs impulsions personnelles faute de convictions publiques qui pouvaient seules la régler. Voilà comment un plan chimérique de réorganisation spirituelle se trouva transformé dès la seconde génération, en un système trop réel de résistance hypocrite, qui développa la corruption morale, pour arrêter l'anarchie mentale. »

Puisque Monsieur Ollivier nous a mis dans la voie, n'en sortons pas avant de l'avoir parcourue entièrement.

Le grand novateur avait projeté un *Appel aux Ignaciens régénérés*. La mort est venue le frapper avant qu'il eut pu donner suite à son projet. Le titre seul donné à son appel suffisait pour montrer dans quel esprit il eut été écrit. Revenez, leur aurait-il dit, aux grandes traditions de Loyola. La situation est, à quelque chose près, la même qu'au xvɪᵉ siècle. La célèbre compagnie, fut, en effet, fondée pour combattre la révolution qui se présentait alors sous les dehors du protestantisme et aussi pour suppléer la papauté insuffisante. Qui peut se refuser à reconnaître la similitude des situations. A vous de constituer désormais, comme par le passé, un clergé indépendant. Votre position dans le catholicisme vous permet de prendre vous-même l'initiative de la dénonciation du Concordat, qui asservit désormais l'Eglise au pouvoir temporel. La liberté spirituelle que vous pouvez ainsi inaugurer s'impose de nos jours pour combattre l'anarchie sous quelque forme qu'elle se présente. Elle implique le désistement de l'Etat de tout ce qui ne saurait être de sa compétence, et réclame aussi la suppression des deux budgets universitaire et académique, aussi bien que celle du budget des cultes, auquel le clergé, rendu indépendant de l'Etat, doit renoncer, en exigeant pour tous le régime de la loi commune. Il n'est pas, bien entendu, nécessaire de dire qu'une large indemnité viagère sera accordée à tous ceux qui se trouveront atteints dans leurs situations.

Voilà, Monsieur, l'idée, que vous qualifiez de baroque, qu'eut à la fin de sa mémorable existence celui que votre confrère de l'académie osa à son tour qualifier de fou. Nous vivions alors, quand elle vint au jour, sous l'Empire, et le parlementarisme avait cessé de fleurir ; vous n'étiez pas encore ministre et un vaste empire militaire ne s'était pas formé sur nos frontières. L'attitude qu'avait alors le jésuitisme était certes bien modeste. Entre la dictature militaire que nous avons subie et le parlementarisme contemporain, qui a, comme on l'a dit, non sans raison, décapité le pays, il y aurait peut-être quelque chose à concevoir. Quoiqu'il en soit nous sommes assez peu gouvernés. En ces conditions, l'instabilité semble devenue la règle ; tous les appétits sont éveillés, toutes les ambitions se font jour. La célèbre compagnie, en présence de la démocratie débordante peut craindre pour sa sécurité, pour son existence même. Un Loyola aurait pu lui inspirer toute autre ligne de conduite que celle que nous lui voyons clandestinement suivre. Sous le règne des diplômes et des concours, où elle est parfois maîtresse, elle est arrivée à bourrer nos armées, le mot est trivial mais juste, l'administration, la magistrature, de ses créatures. Une bourgeoisie sottement affolée par les sophismes courants lui livre ses enfants ; sans convictions publiques, elle accepte tout ce qu'on exige d'elle, sauf la réforme de ses mœurs. Les prétendants qui couvrent nos frontières reçoivent nos généraux, pour la plupart issus des collèges congréganistes. Une réaction rétrograde est ainsi sournoisement préparée. Le droit divin est certainement incompatible avec la souveraineté populaire. Aussi, sous un régime démocratique, aggravé par l'instabilité parlementaire, n'eut-il pas paru insensé de songer un seul instant à la réalisation de l'idée d'une coalition destinée à sauvegarder l'ordre et à assurer la libre discussion, coalition dont le Positivisme eut conservé la présidence, L'anarchie ira plus loin que vous ne pensez, me disait un Maître vénéré sur son lit de mort. Il y a de cela quelque quarante quatre ans. Telle est la fatale échéance que nous voyons arriver à grands pas. Mais alors, ajoutait-il, un parti conservateur de toutes nuances se constituera. Un pareil parti doit être républicain, mais dictatorial, pour échapper à la fameuse sentence, le progrès anarchique ramène l'ordre rétrograde. Un gouvernement stable, espérons-le, prévaudra enfin, eut-on seulement transformé le président représentatif de la constitution actuelle en un agent responsable, armé du pouvoir de dissoudre une assemblée de sa nature essentiellement turbulente. La grande liberté, la liberté spirituelle, dont nous avons montré les conditions, qui aura prévalu, contiendra toutes les velléités d'agitation. . Une foi théologique, quelle qu'elle soit, si on doit les respecter toutes, pourra-t-elle jamais prévaloir.

Le Positivisme, seule garantie contre le débordement des passions anarchiques, n'aura-t-il pas plus que jamais qualité pour dire à ceux qui se croiront attaqués dans leurs croyances et peut-être dans leurs personnes : vos croyances sont épuisées, nous n'avons pas à les défendre ; mais ce que nous défendrons c'est votre existence, au nom de son utilité sociale. Pas plus en religion qu'en philosophie, qu'en politique, on ne fait table rase. Ne faut-il pas toujours compter avec des antécédents. On ne détruit que ce qu'on remplace, a-t-on dit. Pendant longtemps encore, avant que les vieilles croyances soient remplacées, la grande masse, surtout féminine, restera attachée à ses anciennes habitudes. La grande doctrine, par un gouvernement fort, pourra leur assurer une active protection. Elle aura qualité pour dire à leurs directeurs : gardez parmi vous ceux qui croient encore. S'ils s'éloignaient de vous, ils iraient grossir la masse des révoltés. La fatale échéance que nous annonçons ici, les directeurs catholiques peuvent ne pas la voir encore, aveuglés qu'ils sont par de trompeuses espérances, par l'espoir, bien naïf, à un relèvement des partis déchus. La fausse sécurité qui les aveugle ne peut être de longue durée. Alors trouvera-t-on baroque l'idée qu'a eue en d'autres temps le novateur moderne de rapprocher dans une même action toutes les fois théologiques, sous la présidence, imposée par la nécessité, du Positivisme, toutes étant incapables de résister aux dissolvants révolutionnaires. Repousseront-elles son intervention. C'est ainsi, que suivant les prévisions du maître, se constituera une ligue toute religieuse, de ceux qui croient contre ceux qui ne croient pas, des disciplinés contre les indiciplinés. L'imaginarité théologique qui rallie, est certes moins hostile à la positivité philosophique que l'individualité métaphysique, qui dissocie ou tient divisé.

Comme aucune société ne peut exister sans une religion, sans un lien qui en rapproche les éléments divers. on peut affirmer que toutes celles qui existent de nos jours persisteront jusqu'à l'avènement de la foi qui doit les absorber toutes et les remplacer dans leur double office de faire *croire* et de faire *aimer*. Le catholicisme, qui se condensera de plus en plus dans le culte de la Vierge des croisés passera tout entier, suivant les prévisions du grand novateur, sous la direction de *signaciens régénérés*. Il ne s'éteindra que lorsque la grande doctrine depuis longtemps pressentie par les directeurs des hommes aura montré librement que, mieux que toutes celles qui l'ont précédée, elle peut répondre aux aspirations du cœur et aux exigences de l'esprit.

Je gage, je le répète de nouveau, que si l'orateur éloquent qui a tenu une brillante réunion, pendant plusieurs heures, sous le charme de sa parole, avait connu tout ce que l'œuvre du maître porte en elle d'encouragement pour les générations présentes, il n'eut pas laissé échapper de ses lèvres un mot qui jure avec les sentiments que nous aimons à prêter à son auditoire, et qui a dû paraître malsonnant sous les voûtes académiques, au milieu de ceux qui se piquent de toujours veiller sur la pureté de la langue.

Quoiqu'il en soit, le Positivisme est une puissance avec laquelle il faut désormais compter. Il est partout, chez tous ceux qui pensent, et bientôt nous le trouverons chez tous ceux qui ont charge d'âmes. Nous avons écrêmé le parti révolutionnaire, disait le nouveau maître du Savoir, dans son langage souvent pittoresque. C'est parmi les disciplinés que nous viendront désormais nos meilleures recrues. Ce n'était pas sans raison, croyons-nous, qu'il comptait sur un fort contingent fourni par le clergé catholique lui-même, quand la liberté spirituelle lui aura permis de s'affranchir des obstacles qui contiennent encore ses aspirations sociales. Nos contacts personnels nous ont prouvé qu'il est plus facile de se faire écouter de ses membres que des discoureurs révolutionnaires.

Nous avons connu M. Ollivier en 1848, lorsqu'il fut délégué auprès de la turbulente population marseillaise par le gouvernement provisoire, qui venait de sortir de la surprise de Février. C'était alors un ardent démocrate, ses discours du temps en font foi. Nous étions jeunes tous deux puisque nous sommes vieux aujourd'hui. Sous le démocrate — la démocratie était de famille chez lui, — on pourrait voir le sceptique voltairien. En entendant M. Ollivier affirmer avec tant de soins ses convictions théologiques, on pourrait penser qu'il a voulu ménager les susceptibilités des graves personnages qui l'écoutaient, et aussi les nerfs des grandes dames auprès desquelles quelques notes réactionnaires sont toujours bien venues. Cependant le vieil homme semble reprendre ses droits à la fin de son discours. « Pourquoi, dit M. Ollivier, non sans raison, à M. Faguet, n'avez-vous pas également rendu justice à un homme sans le labeur colossal duquel ni Auguste Comte, ni aucun de nos penseurs, n'auraient obtenu le moyen d'exposer ses conceptions : Voltaire. »

Il faut remercier M. Ollivier pour ces bonnes paroles. Ce rieur plein de larmes, ainsi que l'a si justement qualifié notre grand historien national, Michelet, a montré à la fin de sa carrière tout ce qu'il y avait d'élévation dans son caractère, de sensibilité dans son cœur, qu'on a cru froid et fermé à toutes les grandes émotions. Attaché, pendant tout le cours de sa longue existence, à la démolition de tout ce qui restait encore du vieux monde théologique, toutes les haines rétrogrades vinrent naturellement faire explosion sur sa tête. M. Ollivier rappelle fort à propos sa noble conduite pour relever la mémoire de deux intéressantes victimes des fureurs cléricales. Il rappelle aussi son désespoir à la chute de Turgot, non moins grand que celui de Frédéric. Ceux qui lui contestent la bonté, et surtout la vénération, reviendraient à d'autres sentiments en lisant sa belle correspondance avec ce grand ministre. Il sut reconnaître sa haute valeur et se faire petit auprès de lui.

La grandeur de son génie devait se manifester en bien d'autres occasions. « Je dois relever, dit Auguste Comte, le sacrifice trop méconnu qu'a accompli le poète tragique, qui dirigeait l'émancipation spirituelle, à laquelle il voua ses drames, en renonçant, sans ostentation, à la suprématie que leur élaboration pouvait lui procurer au second rang. »

Malgré le juste hommage que rend M. Ollivier à la mémoire du patriarche de Fernay, comme il l'appelle, il ne faut pas oublier, fait remarquer Auguste Comte, que « les découvertes si remarquables faites en si grand nombre en ce siècle ont plus contribué à la destruction radicale et irrévocable du système théologique que tous les écrits de Voltaire et de ses coopérateurs, malgré leur prodigieuse influence ».

Quoiqu'il en soit de toutes les réticences dont M. Ollivier a, comme à plaisir, émaillé son très substantiel discours, on ne doit pas moins lui savoir gré d'avoir su obliger à écouter certaines paroles un public qui, jusqu'ici, leur avait été réfractaire. Elles auront certainement plus de retentissement encore au dehors.